不一样也很好

写给孤独症儿童的
积极社交训练

〔美〕凯蒂·库克◎著　付　霄◎译

Autism
and Me

北京科学技术出版社

著作权合同登记号 图字：01-2022-4166

图书在版编目（CIP）数据

　　不一样也很好：写给孤独症儿童的积极社交训练 /
(美)凯蒂·库克著；付霄译. —— 北京：北京科学技术
出版社, 2022.10
　　书名原文: Autism and Me
　　ISBN 978-7-5714-2471-8

　　Ⅰ.①不… 　Ⅱ.①凯… ②付… 　Ⅲ.①孤独症—儿童
教育—特殊教育 　Ⅳ.①G766

　　中国版本图书馆CIP数据核字（2022）第146823号

策划编辑：路　杨
责任编辑：路　杨
责任校对：贾　荣
图文制作：艺琳设计工作室
责任印制：吕　越
出　版　人：曾庆宇
出版发行：北京科学技术出版社
社　　　址：北京西直门南大街16号
邮政编码：100035
电　　　话：0086-10-66135495（总编室）　0086-10-66113227（发行部）
网　　　址：www.bkydw.cn
印　　　刷：北京宝隆世纪印刷有限公司
开　　　本：710mm×1000mm　1/16
字　　　数：74千字
印　　　张：7.5
版　　　次：2022年10月第1版
印　　　次：2022年10月第1次印刷
ISBN 978-7-5714-2471-8

定　　价：69.80元

谨以此书献给罗伯特、伊丽莎白和艾斯利。

我为你们感到自豪。

谢谢你们的爱、欢笑和快乐。

译者序

当出版社联系我并问我是否愿意翻译一本针对 8 ～ 12 岁孤独症儿童的书籍时，我几乎不假思索地就答应了。我在国内见过很多这个年龄段的孤独症儿童，他们因为无法在专业机构接受干预，也不能进入学校就读，而只能每天待在家里。他们的家长或看护者不仅要照顾他们的生活起居，还担任着干预机构老师的角色。每一位家长或看护者在这个漫长的过程中，都遇到了很多困难，有的人甚至不惜离家千里，去学习专业的干预方法。作为一名孤独症干预领域的从业人员，我非常认同和喜欢《不一样也很好：写给孤独症儿童的积极社交训练》这本书中介绍的应用行为分析（Applied Behavior Analysis, 简称 ABA）在实践中运用的方式和内容。作者在文中没有使用任何 ABA 术语，而是将其原理与生活中的实例相结合，用通俗易懂的语言把专业且简单实用的方法教授给了读者。

在翻译这本书的过程中，我不止一次感叹，作者介绍的方法真是太容易操作了。我甚至一边翻译，一边把其中的一些技巧运用在自己的孩子身上。我想要特别说明的一点是，这本书虽然是针对孤独症儿童所著，但书中列举的各类方法，无论是生活自理还是社交方面，不仅能帮助孤独症儿童应对生活中的多种困难，也适用于普通儿童和青少年。我的两个女儿都是非孤独症儿童，但是她们在人际交往中也经常遇到困扰。我将在翻译第四章"关于社交"部分时学到的方法之一——用赞美对方衣服上的花纹开启对话，告诉了她们。她们都觉得这个方法很简单，并且的确帮助她们更容易交朋友了。书中还有很多诸如此类的方法，这些也是专业人士给孤独症儿童提供干预过程中所运用的。作者提供这些简单易懂的例子，确实给家长或看护者提供了解决问题的方法和启发。

作者在文中多次强调，就像世界上的人有各种肤色一样，孤独症是神经多样性的一种体现。孤独症群体跟非孤独症谱系人群的差异，仅仅在于大脑运作方式的不同。这种差异给孤独症群体中的一些人带来了超越常人的优势。我希望通过翻译这本书，帮助更多人进一步了解孤独症群体，不再对他们持有偏见，那么孤独症群体所处的社会环境会更友好，也更有利于他们的生活。

总而言之，这是一本既有趣又实用的孤独症儿童技能提高指南。如果你想找一本简单明了的孤独症儿童居家干预书籍，我推荐这本书。最后，我要感谢北京科学技术出版社的编辑路杨把这本书交给我翻译。我还要感谢我的家人，因为他们的支持和给我的启发让这本书的翻译工作得以顺利完成。

付 霄

2022 年 6 月 23 日于美国纽约

给孩子们的信

　　你好，欢迎你！我叫凯蒂。多年以来，我一直在加利福尼亚快乐地教孩子们。这本书是专门为你而写的。你现在马上要开始读这本书了，我感到非常高兴。

　　在这本书中，你将了解孤独症谱系障碍（Autism Spectrum Disorder，简称 ASD）以及它对你来说意味着什么。更重要的是，你将在此书中以全新的视角真正了解自己。每个人都是与众不同的，因此很自然地，每个人都有相较于其他人的独特的优势。处于孤独症谱系中意味着你的大脑是用一种特定的方式工作，并且，这也意味着你需要专门学习最适合你大脑工作方式的技能和应对问题的策略，让你的生活过得更顺畅。我保证，如果你和我一起坚持学习并且完成这本书里的活动，这一切都是完全可能的。我将在书中分享一些特别的技巧和窍门，帮助你掌控自己的感受，提高你的社交互动、自理能力以及很多其他的能力。

　　我将在此过程中的每一步为你提供帮助，而且跟随我一起学习会很有趣，因为我们将要做一些很棒的练习、测试和活动。这些内容都将帮助你发现更爱自己的理由以及认识到自己的特别之处。你还将进一步了解自己的优势和已经掌握的技能，以及一些今后你需要发展的能力。我知道你一定会做得很好，现在就让我们开始吧！

给大人们的信

你好！谢谢你允许我来引导你的孩子，让他了解与孤独症共处的人生是怎样的。你的孩子有你这样的父母真是太幸运了，而且你捧起了这本书，我感到非常激动。

这是一本针对 8 ~ 12 岁孤独症谱系障碍儿童的指导手册。此书的目的不仅是让他们了解孤独症，还让他们能有良好的自我感觉和体验。我相信，我们在与孩子们一起学习时，应该采取正向积极的方法。经常指出孤独症带来的积极方面，将让你的孩子感到自己是有能力的，而不是"不如"其他人。目前市面上的很多书籍将孤独症描述成是需要被"攻克"的障碍，但是这本书不同。它旨在采取更加正向积极的方法教授孩子，同时提醒父母对孩子可能面临的挑战保持切实的心态。孤独症是使你的孩子独特和优秀的一部分原因，但它并不是孩子生命的全部。

这本书中介绍的互动练习和测试，可以帮助你的孩子获得信心和习得生存发展所需要的技能。这些有趣的活动还将帮助你的孩子更了解自己的孤独症，同时学着去接受孤独症带来的挑战。

本书中的所有练习、技巧和策略都基于有实证支持的方法论，其中包括：应用行为分析（Applied Behavior Analysis，简称

ABA）和接纳承诺疗法（Acceptance and Commitment Therapy，简称 ACT）。ABA 是有循证基础的干预方法，被认为能帮助孤独症儿童充分发挥其潜能。超过 40 年的科学研究已经证明，ABA 能有效增加孤独症儿童具有重要社会意义的技能。一直以来，基于 ABA 的干预方法不断发展，反映了行业内持续的研究成果，并为孤独症儿童提供了更好的支持。同时，孤独症研究领域的专业人士始终坚持研究适合每一个独特孩子的干预方法和解决方案，这一点非常重要。正强化是 ABA 的基石。这是一种给孩子提供强化（例如：表扬）来增加他的目标行为或技能的方法。

ACT 是一种将正念技巧和自我接纳相结合的行为干预形式。其干预方法源自 "ACT 的策略是基于思维和感受能影响我们的行为" 这一理论。ACT 能帮助提升孩子的心理灵活度，其目的是让你的孩子理解以及更加接受自己的思维和感受。

我们巧妙设计了本书的章节结构，让你的孩子在学习的过程中感受到有趣和愉快。每一章都以介绍几个孤独症儿童的真实故事为开始。你的孩子将了解到这些故事中的孩子的优势技能和积极品质，还将看到这些孩子在日常生活中有时会面临的一些挑战。接着，书中会提供一些有用的策略方法和实用的小窍门，可以帮助你的孩子克服类似的困难。每章所学的内容通过练习和测试获得强化，而且在每个章节中还有一个正念关注部分，以帮助你的孩子了解自身感受、控制情绪，从而获得内心的平静。

让你的孩子了解孤独症、克服障碍和最终认识自己，是他终生旅程的重要部分。我很感激在这个旅程中，你选择了这本书。

不一样也很好——写给孤独症儿童的积极社交训练

目　录

第一章　关于孤独症　1

什么是孤独症谱系障碍　2

孤独症带来了什么影响　6

为什么我会有孤独症　9

孤独症和我的生活　13

我学到了什么　16

第二章　关于情绪　19

孤独症儿童的真实故事　20

理解感受　22

表达情绪　23

应对负面情绪　28

我学到了什么　32

第三章　关于沟通　35

孤独症儿童的真实故事　36

对话　38

肢体语言　42

面部表情　47

眼神接触　50

我学到了什么　51

第四章　**关于社交**　53

孤独症儿童的真实故事　54

跟朋友相处　56

兴趣爱好　59

学校时光　62

我学到了什么　66

第五章　**关于自理能力**　69

孤独症儿童的真实故事　70

身体照顾和锻炼　72

设立私人空间和界限　76

正向积极地思考　80

我学到了什么　86

第六章　**关于家庭**　89

孤独症儿童的真实故事　90

团队的成员　92

解决冲突　95

寻求帮助　99

我学到了什么　102

致谢　103

第一章

关于孤独症

现在，我们开始了解孤独症吧！通过阅读第一章的内容，你将发现自己处于孤独症谱系中对你意味着什么，并了解在你大脑中发生的独特事件。作为孤独症儿童，你还将探究如何使自己成为一名特别的思考者。这个与其他孩子的差异甚至能成为你的一项"超能力"！你准备开始了吗？

什么是孤独症谱系障碍

这是一个非常好的问题！孤独症的全称是孤独症谱系障碍（Autism Spectrum Disorder，简称 ASD），但是，你千万不要因为"障碍"一词而觉得是你有什么问题。事实上，我认为 ASD 代表的是孤独症谱系差异。因为，被称为孤独症儿童，仅仅只是意味着你的大脑工作方式不同罢了。"处于谱系中"是什么意思？想一想彩虹由多种颜色组成，它们相互渗透，进而产生了无数的色彩变化。这正像孤独症也有许多不同种类一样！每个人都在孤独症谱系中处于一个独特的位置。

很多人谈及孤独症都有各自不同的名称和看法，在本书中，我们简单起见，统称为"孤独症谱系障碍（ASD）"，或者简称为"孤独症"。但是，无论你喜欢如何定义它都可以！不管你如何称呼它，关键是你对这个世界有独特的体验和感受。

你想听一些特别有意思的事情吗？科学家们有可以给人的大脑拍照的机器，并且告诉我们大脑是如何工作的。猜猜他们发现了什么？大脑的每一部分都各司其职，比如：理解感觉、解数学题、进行艺术创作或者制造记忆。这些科学家们发现，孤独症人群的大脑中的某些部位比非孤独症人群的体积更大。基于大脑某些部位的形状和大小的差异性，你会有一些独特的天赋。这就可能意味着，像学习科学、艺术或者进行发明创造这类事情对你来说更容易；但是，也许其他的事情，比如交朋友或者控制自己的情绪，对你来说则比较困难。

现在，我要跟你分享一个秘密。你看看家里、社区和学校里的人，每一个人都是不同的。我们有各种各样的外貌、体型和肤色。我们都会喜欢和厌恶不同的事物。我们各自都有特殊的才能。这说明，与众不同是正常的。这可能听起来很傻，但这是事实。所以，这个秘密就是：跟别人不一样是正常的。因此，找到你擅长的方面，并在对你而言有困难的事情上寻求帮助，将真正有益于你自己的生活。

了解自己

现在是时候进一步了解你的独特之处了。以下是一份孩子们常常会拥有的技能的清单。请你圈出所有你擅长的事情。

我擅长：

演戏	画画
艺术	遵守规定
寻求帮助	取得好分数
做个好朋友	帮助他人
诚实	学习生词或语言
善良	倾听
安静	结交新朋友
桌面游戏	数学
刷牙	记忆事实
搭建	挑选衣服
攀爬	运动
妥协	演奏乐器
电脑	拼图
手工	阅读
舞蹈	待在自己的私人空间
记歌词	记数字
泡澡	骑自行车/滑板车
照料动物	跑步

不一样也很好——写给孤独症儿童的积极社交训练

拆东西　　　　　　向朋友问好

轮流　　　　　　　表达想法

讲笑话　　　　　　科学

讲故事　　　　　　分享

理解面部表情　　　唱歌

玩电子游戏　　　　拼写

写故事或写诗　　　保持冷静

是否有一些你擅长却没有在清单里的事情？把它们写在这里吧！

_____

_____

_____

你是否知道你的这些特长是由孤独症孩子所具有的特别的思维方式而引起的呢？这很酷吧！谢天谢地，这个世界上拥有超过七百万的孤独症人士！因为有这群人，这个世界更加精彩！

孤独症带来了什么影响

因为每个人都是不同的，孤独症带来的影响也因人而异。这里列出了几个可能会受到孤独症影响的常见领域。如果你确实在这些方面受到了影响，别担心！接下来，你将学习很多技巧和窍门来帮助自己。

沟通：这是我们与其他人分享想法的方式。沟通有文字、面部表情或肢体语言的形式。如果你曾经觉得很难跟其他孩子交谈或者理解朋友的面部表情，你要知道这个问题并不只是发生在你身上。

社交互动：这是我们与其他人在一起时的行为表现。例如：人们交谈时，可能会看着对方的眼睛。当认识新朋友时，很多人会告知对方自己的名字。有些孤独症孩子发现练习这类技能很有帮助。

自理：这是我们为了保持身体和精神健康需要拥有的能力，比如洗澡、刷牙、吃健康的食物、做运动和用积极的方式思考。你可能在发展自理能力方面感到有困难，但是没关系。

情绪感受：我们的感受，如高兴、悲伤、焦虑、愤怒和兴奋，都来自情绪。当你有强烈的感受时，不知道该怎么做，这很正常。

与家人相处：家庭成员一般包含妈妈、爸爸、兄弟、姐妹、祖父、祖母、外祖父、外祖母等。有些人把亲密的朋友或者教练也当成家人。无论你认为谁是你的家人，他们都是一群最爱你和最支持你的人。学习善待我们的家人以及向他们寻求帮助非常重要。

·········· 孤独症与我 ··········

你想进一步了解孤独症可能会对你产生怎样的影响吗？请圈出所有适用于你的答案。这些答案没有正确或错误之分。

1. 与别人交谈时，我有时候会：

   a. 忘记看着对方的脸

   b. 不知道怎样开始对话

   c. 说的比听的多

   d. 忘记提问

   e. 以上都不是

2. 和朋友一起玩时，我有时候会：

   a. 拒绝分享我的玩具

   b. 忘记说"请"和"谢谢"

   c. 只按我自己喜欢的方式玩

   d. 不打招呼就离开

   e. 以上都不是

3. 当早上起床时，我有时候会：

    a. 忘记刷牙

    b. 拒绝吃营养的早餐

    c. 思考今天会出什么差错

    d. 不穿干净的衣服

    e. 以上都不是

4. 玩桌面游戏时，我有时候会：

    a. 非常兴奋，站起来到处跑

    b. 非常生气，以至于无法完成游戏

    c. 非常高兴而无法控制自己的身体

    d. 对其他玩伴的感受感到困惑

    e. 以上都不是

5. 与家人在一起时，我有时候会：

    a. 不帮忙做家务

    b. 拒绝做被要求做的事情

    c. 知道我是对的，并且不让步

    d. 感到困惑，而且不知道如何寻求帮助

    e. 以上都不是

你是否通过这个测试发现了自己哪些方面是需要获得帮助的？在它们的下面画上横线吧。

不一样也很好——写给孤独症儿童的积极社交训练

为什么我会有孤独症

我们不确定为什么有的人有孤独症，而有的人没有。但是，许多科学家认为，每个人大脑的独特性来源于他的基因。因此，我们大脑的特别之处，正如眼睛的颜色和身高，是受父母的遗传基因影响的。

雪莉是一名孤独症女孩。她很幸运地有了自己大脑的图像。通过查看这些图像，她发现了令人难以置信的事情。她的大脑中掌管感受和情绪的部位，体积比很多人的都大。她说，这可能就是有时候她的情绪非常强烈并且很难被控制的原因。雪莉大脑中还有一个部位体积也非常大，研究者认为这可以帮助她记住一些小细节，并能异常准确地描绘出她所见的内容。雪莉现在因其出色的画作而闻名世界。

正如雪莉一样，孤独症赋予了你与众不同的才能，但是同时，它也会给你带来一些需要迎接的挑战。当遇到困难时，你觉得沮丧，这没关系。但是，记住要保持乐观。孤独症只是你的一部分，它不是你的全部。谈论你的感受能让你感觉好一些。你的生命中还有许多爱你并想要帮助你的人。

我的美丽的大脑

　　假设下一页中的图片就是你的大脑图像。请你从大脑工作库中（或者你自己编写一个）挑选一些技能填充它。把你最擅长的事情放在较大空间的区域，把可能仍需提升的事情放在较小空间的区域。

大脑工作库

理解情绪	与人交谈
深入了解一个主题	活动身体
感受强烈的情绪	享受音乐
理解面部表情	拼拼图和找规律
感知味觉和嗅觉	发明新事物
对触摸和压力感觉灵敏	搭建物体
能着眼全局	用文字表达自己
记忆数字和事实	

不一样也很好——写给孤独症儿童的积极社交训练

你做得很好！我们已经知道每个人的大脑看上去都不相同，但是，请牢牢记住你拥有一个这么独特和美丽的大脑！

当你感到沮丧或者不知所措时，请尝试"停下、放下、走一走"。停下你正在做的事情，放下你脑中的负面想法，然后出去溜达一圈或者来一次短途步行。在你步行的过程中，想想生活中令你开心和最感激的事情。你很快就会感觉好多了！

孤独症和我的生活

　　孤独症触及你生活中的方方面面，因为你的大脑和身体都会受到它的影响。它是你的一部分，有时候能带来美好，有时候很难对付。这里列举了你可能会受到孤独症影响的几个方面。

　　在学校：某一天，你可能感觉异常兴奋，以至于无法专注地坐下来和完成作业。但是第二天你感觉非常好，因为你的作业得了"优"，你还交了新朋友。

　　在家庭：你可能在某一天的早晨无法完成日常流程，穿衣服和刷牙都需要帮助。但是接下来的早晨，你因为完成了一个让你特别自豪的项目而感觉很棒。

　　在社区：你可能在一次集市上感觉很不开心，因为乐队演奏的声音太大，你需要戴上耳塞才行。到了晚上，你却可能由于在集市上玩了很刺激的游乐项目而超级兴奋。

　　本书介绍的策略和方法，是针对受孤独症影响的各方面的问题，可以帮助你应对不同的情境。在接下来的几章中，你将发现更多孤独症给你的生活所带来的积极方面以及你可能需要获得进一步帮助的部分。提高技能将有助于你参与一切你最喜欢的活动。

爱自己

　　爱自己对拥有幸福生活很重要。经常提醒自己的优势是什么，是爱自己和振作精神的一种方法。回顾在第 4 页"了解自己"中那些你画了圈的条目，你对自己最自豪的是哪 3 件事呢？

　　不一样也很好——写给孤独症儿童的积极社交训练

更好地了解自己

在本章中，你已经了解了很多关于自己的情况。在这个部分，请你填写以下空白处，创作出一段最能描述你自己的文字。

你好！我叫_____，今年_____岁。我有孤独症，这使我在很多地方跟别人不一样。在家里，我最喜欢做的事情是_____；在学校里，我最喜欢做的事情是_____。我有很多特长，尤其擅长 3 件事 _____、_____和_____。有时候，我觉得困难的事情是_____。我想做得更好的一件事情是_____。我是我的家庭中重要的一分子。我对自己感到最自豪的事情是_____。

关注我们自己感到最自豪的事情很重要。多种技能得到提升，也能改善我们的生活。这对所有人来说都是如此！练习使人进步。你可以运用这本书里介绍的方法，练习对你而言最重要的技能。

我学到了什么

你真了不起！你已经完成了这趟探索之旅的第一章。你了解到的内容有：

- 处于孤独症谱系中对每个人都有不同的意义。
- 孤独症对你意味着什么。
- 你的特殊才能有哪些。
- 哪些情况有时候对你来说是困难的。
- 给你想要练习的技能设定目标的重要性。

接下来，你将学习一些宝贵的方法，帮助你练习这些技能，以及用新的方式应对困难情境。请准备好，我们会得到很多乐趣的！

不一样也很好——写给孤独症儿童的积极社交训练

第二章

关于情绪

　　情绪会影响我们的身体感知和言行。在本章中，你将成为一名识别自己情绪的专家。你会了解不同情况会导致哪些不一样的情绪，以及你的身体对不同的情绪的反应。你还将发现你希望自己能更好地掌控哪些情绪。

孤独症儿童的真实故事

　　苏菲亚是一个非常幽默的 11 岁女孩。她很喜欢上学，尤其喜欢艺术课和科学课。但是，当苏菲亚非常兴奋的时候，她会扰乱课堂秩序、讲笑话和发出噪声。她会在自己的座位上蹦蹦跳跳，起身在教室里面跑来跑去。她的老师写了 8 封通知信给她的家长，将苏菲亚的这些行为告知他们。苏菲亚非常爱去学校上学，并不想惹麻烦。她想学习如何按照要求安安静静地完成自己的作业，即使是在她感觉兴奋的时候。

　　雅各布 12 岁了。他擅长使用电脑，而且很爱打篮球。但是，当事情没有按照他的意愿发展时，他会感到沮丧。当雅各布的弟弟没有得到他的允许就玩他的篮球或者动他的电脑时，他会很生气。当妈妈让雅各布去洗澡时，他也会很恼火。有时候，雅各布会大发雷霆。他用拳头击墙，推他的弟弟，而且非常大声地吼叫。过后，他又后悔自己的所做所为。雅各布希望知道如何能使自己冷静下来，不发脾气。

凯莎9岁了。她刚搬去祖母的农场，那里有很多需要照料的动物。凯莎很喜欢动物，尤其是马。但是，农场的房子又大又旧。有时候，她会想象出一些让她害怕的事情。晚上，她躲在被子里，让自己尽量不睡着。凯莎不喜欢恐惧的感觉，但是，她不知道怎样才能让自己不怕黑。

苏菲亚、雅各布和凯莎都希望当他们有强烈的感觉时，能够管理好自己的行为。现在让我们来玩侦探游戏吧！你能找出他们每个人可能想要学习的地方吗？

·········· 友善的侦探 ··········

说明： 回顾"孤独症儿童的真实故事"里苏菲亚、雅各布和凯莎的经历。写下每个人的一项优势和一项你认为他们各自需要学习的技能。在本章的后面部分，你将学习一些方法来帮助他们每个人理解各自的感受和控制自己的行为。你还可以运用这些技巧提高自己的情绪调节能力。

	一项优势	一项需要学习的技能
苏菲亚		
雅各布		
凯莎		

理解感受

每天都会有不同的情况发生，让你产生各种各样的情绪。你是不是曾经因为不能玩喜欢的游戏而哭过或者尖叫过？你可能会感觉很生气。你是不是曾经拒绝尝试新事物，比如在课间休息的时候跟朋友一起打球？你可能觉得焦虑或者害怕。了解我们的感受是管理行为的第一步，这样我们以后就能跟朋友和家人一起享受更多的乐趣。这里有一些小技巧，能帮助你识别自己的感受。

身体检查：你知道身体能暗示我们的感受吗？如果你注意到你的双手在颤抖，你的胃可能会有刺痛感；当你的心跳很快时，你可能感到兴奋。

面部检查：我们的面部表情也能为我们的感受提供线索。如果你发现你的嘴噘着、脸很热，并且你的呼吸很重，你可能感到愤怒。

事件检查：熟悉的事件往往唤起相同的情绪。这就意味着，如果你过去在某种情况下感觉害怕，你可能在同样的情景下再次有相同的感觉。如果你对自己的感觉不确定，想一想你过去是否遇到过这种情况，以及你上次的感受如何。

表达情绪

一旦你掌握了对情绪的理解，你就能够学习如何用积极的方式表达情绪。你不会想要把感受憋在心里，因为那会让你的身体感觉不舒服，而且它们仍然可能会以意想不到的方式跑出来。

还记得苏菲亚吗？当她很兴奋时，她用笑话和滑稽的噪声扰乱了课堂秩序。这给她带来了麻烦。孤独症让苏菲亚难以正确表达情绪。她跟老师谈论了她的感受。老师们给她想出了一个计划，让她在教室外短途步行和伸展身体来释放她的兴奋情绪。现在，苏菲亚在课堂中更容易控制住兴奋的情绪了。

这里有一些正确表达情绪的建议。

写情绪日记：把你的感受和你认为造成这种感受的原因写下来。

与人聊天：与信任的朋友或家人谈谈你的感受。即使没有找出任何解决办法，跟别人大声地分享情绪感受也能让你感觉很好。

让我们谈一谈！

活动身体：找到一些活动身体的方法来表达你的情绪，如游泳、跳舞、跳跃、跑步、打球等。如果是在学校，你可以在获得

允许后去一趟卫生间、安静地在课桌下玩一个减压玩具，或者在教室外面做一些伸展运动。

休息：在教室或家里找一个安全和安静的地方，在你有需要的时候可以独自在那里坐一会儿。在那里放一些让你感觉舒适的物品，你还可以戴上耳机或者耳塞以阻隔噪声。

如果你还不确定如何运用这些技巧，那也没关系。不要害怕向你的父母或老师寻求帮助。找到恰当的办法表达情绪有很多好处。

爱自己

在第一章中，你发现了自己有特殊的才能。你知道吗？你可以通过你的才能表达情绪。如果你擅长唱歌或者弹奏乐器，你可以编写一首表达自己感受的歌曲。它可以是表达开心或者悲伤的曲子，这由你决定！如果你擅长绘画，可以创作一副表达你感受的图画。相比起把情绪憋在心里，创作一件艺术品是一个很好的表达你当下感受的办法。

情绪日记

这个日记练习将帮助你学习如何通过写作来表达情绪。

写下让你感到紧张或者害怕的一件事情。你当时正在做什么？

_____

_____

当你觉得紧张或者害怕的时候，你的面部和身体有什么感觉？

_____

_____

当你感觉紧张或者害怕的时候，你是怎样表达的？

_____

_____

请你回想第 23 ~ 24 页"表达情绪"部分的小技巧。当你下次感到紧张或者害怕的时候，你想用什么不同的方法来表达你的感受呢？

_____

_____

用颜色为感受"编码"

说明： 每个人对情绪的感受是不同的。当感受到不同情绪的时候，你的身体会发生什么变化？做一做下一页的练习吧。当你感觉高兴或者兴奋时，给你的脸部和身体有反应的部位方框内涂上绿色。给你生气时的脸部和身体反应部位方框内涂上红色。给你焦虑或者害怕时的脸部和身体反应部位方框内涂上蓝色。当你有两种不同的情绪都导致某个部位有反应时，你也可以在方框内涂上两种不一样的颜色。

一旦了解到有强烈情绪时，你的脸部和身体会发生什么样的变化，你就可以运用本章前面介绍的技巧和小窍门以正向积极的方式来表达情绪。

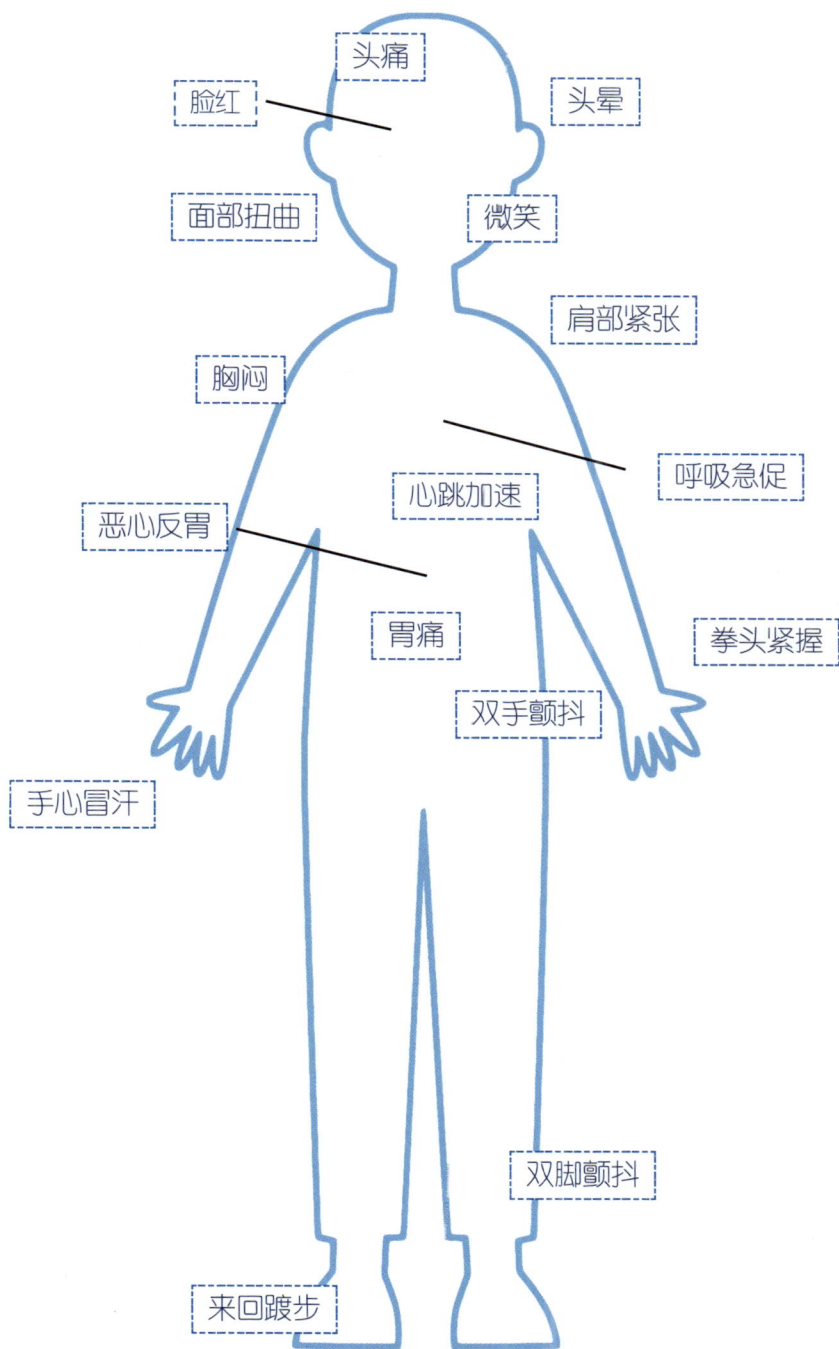

头痛

脸红

头晕

面部扭曲

微笑

肩部紧张

胸闷

呼吸急促

心跳加速

恶心反胃

胃痛

拳头紧握

双手颤抖

手心冒汗

双脚颤抖

来回踱步

应对负面情绪

知道如何表达负面情绪可能对孤独症儿童来说是最困难的部分。诸如愤怒、焦虑、失望和悲伤这类的感受会让我们的身体非常不舒服，并且也让我们控制自己的行为变得更艰难。

还记得雅各布吗？当他生气的时候，他的手心开始冒汗，心跳也加速。他对家人拳打脚踢、推搡和大喊大叫。雅各布正在学习应对愤怒的新方法。他会谈论他的感受，并且当他想推人或者踢东西的时候，他就去打篮球。这些事情也能帮助你的身体恢复良好感觉。以下是一些能帮助到你的具体技巧。

不要把气撒在别人身上：生气是可以的，但是不可以因为你的感受而伤害其他人，或者破坏属于别人的东西。用语言好好地说出你的感受。你很快会感觉好一些，而且你会因为控制住了愤怒和进行了善意的沟通而喜悦。

检查你的评分表：把你遇到的问题和情绪反应用 1 ~ 10 来打分。你的情绪反应等级和问题等级相匹配吗？如果遇到一个 3 分的问题，比如：你的爸爸拿走了你最喜欢的玩具，你的情绪反应也应该是 3 分。你可以礼貌地告诉爸爸你生气的原因，并且出去散散步冷静下来。

不一样也很好——写给孤独症儿童的积极社交训练

1 2 3 4 5 6 7 8 9 10

运用策略让自己平静下来：你可以缓慢地深呼吸、想一些快乐的事情、听音乐、散步、慢慢地从 20 开始倒数、看书、画画、使劲地捏一个球或者玩最喜欢的玩具。当凯莎晚上在祖母农场的大房子里感到害怕时，她就使用这些技巧调整她的负面情绪。她听一些使人平静的音乐和看最喜欢的漫画书。现在她知道如何平复自己的情绪了，而且在晚上也能感觉更放松、睡得更好了。

正念关注

几乎任何人都会因为与朋友或家人发生矛盾而感到不安。但是，请试着用想象力来平复你的身心。假想你的手中牵着一根系着大红气球的线。在你的脑海中，设想大红气球就是你所遇到的问题。然后，你松开手中的线，想象气球慢慢飘走，越来越小，越飘越高，进入云层，直到消失。当气球不见时，感受你心中的快乐和平静的感觉。现在，你心中的问题也随之消失了。

让自己平静下来的技能

请你多练习表达情绪和安抚身心的方法。在每个情况下，你会做什么令自己平静下来？

1. 你准备睡觉的时候，被可怕的噪声惊吓到。你会：
   a. 躲在被子里，尽量不让自己睡着。
   b. 把你的感觉告诉妈妈或者爸爸，让他们留一盏夜灯，并在你入睡的时候播放能让你平静的音乐。

2. 在学校里，你觉得异常兴奋，以至于无法待在自己的座位上。你会：
   a. 在座位上蹦来蹦去，尽量不站起身。
   b. 跟老师谈谈，向他询问你是否可以去教室外走一走和伸展一下身体。

3. 你和一群朋友在公园里玩耍。你觉得难过，因为他们不想按照你希望的方式做游戏。你会：
   a. 独自坐在长凳上，拒绝加入游戏。
   b. 跟你的朋友们交谈，询问他们下次是否可以玩你的游戏，并且尝试着对他们正在玩的游戏感兴趣。

不一样也很好——写给孤独症儿童的积极社交训练

4. 跟家人一起吃晚餐的时候你感到生气，因为他们今晚没有给你吃你最喜欢的食物。你会：

    a. 拒绝吃饭，并且反复诉说他们这样做不公平。

    b. 跟你的父母讨论怎样做可以在星期五的时候赢得你喜欢的饭菜，并且在吃晚餐的时候缓慢地做深呼吸。

选择答案 a 得 1 分，选择答案 b 得 3 分。把所有得分加起来，看看你的总分是多少？ _____

总分 4 ~ 6 分：通过练习本章中的技巧和学习正向的表达情绪，你将获益匪浅。

总分 8 ~ 10 分：你已经掌握了很好的冷静技巧。你只需要继续努力就可以了！

总分 12 分：你有十分出色的平复情绪的能力，而且很善于表达自己的情绪。好样的！

我学到了什么

你做到了！你已经完成了本次探索之旅的第二章。现在你了解到：

- 理解感受的重要性。
- 识别当下感受的技巧。
- 如何用有创造性和富有成效的方式，表达你当下的感受。
- 应对负面情绪和保持冷静的方法。
- 如何在冲突发生后使用正念关注释放愤怒的情绪。

我为你感到骄傲。你已经学习了如何识别感受，并且用积极的方法表达情绪。本章介绍的方法一定能帮助你与朋友和家人建立良好的关系。

不一样也很好——写给孤独症儿童的积极社交训练

第三章

关于沟通

　　在本章中，你将了解人们沟通的 3 种主要方式：对话、肢体语言和面部表情。有时候，你很难理解其他人的面部或肢体语言所传达的意思。其他一些沟通技能如眼神接触，也是很多孤独症儿童有时候会遇到的问题。不过，不用担心，你将学到一些技巧以表达你的想法。

孤独症儿童的真实故事

　　8 岁的马特奥是个电子游戏迷。他认为，相比起同年级的孩子，成年人更容易打交道。在学校里，他很难跟朋友有较多的交流。他知道怎样回答问题，但是不知道如何向别人提出问题。当他说话时，他还不停摆动手指并且环顾周围。其他孩子有时会认为，马特奥对与他们交谈并不感兴趣。

　　12 岁的阿莎活泼风趣，很喜欢跟其他孩子一起玩。阿莎在这个世界上最喜欢的东西是独角兽。她可以跟朋友主动攀谈，但是她经常只谈论关于独角兽的内容，而且她聊起来滔滔不绝。当她跟朋友说话的时候，阿莎会离朋友的身体很近，这让她的朋友感到不舒服。有时，他们甚至停止和她说话。

伊万今年 10 岁了。他的钢琴弹得非常出色，已经参加过很多场大型演奏会的演出。但是，他在与别人交谈方面有很大的困难。伊万在说话的时候是用机器人般的语调，有时还弯腰低头。当他用这种方式说话时，其他的孩子不知道他在说什么。在学校里，伊万只跟他的妹妹玩，因为似乎只有她能理解伊万。

马特奥、阿莎和伊万都想与他人交朋友和保持友谊，但是沟通技巧方面的问题阻碍了他们。现在又到了玩侦探游戏的时间啦！你能找出他们每个人可能想要学习的地方吗？

友善的侦探

说明：请你回顾"孤独症儿童的真实故事"中关于马特奥、阿莎和伊万的经历。写下每个人的一项优势和一项你认为他们各自需要学习的技能。在本章的后面部分，你将学习一些方法来帮助他们每个人更好地与他人沟通。你还可以运用这些技巧提高自己的沟通能力。

	一项优势	一项需要学习的技能
马特奥		
阿莎		
伊万		

对话

　　对话就像打网球。打网球时，人们来回击球。正像网球一样，对话在两个人之间也来回传递。有时候对你来说，开启对话或者保持节奏可能有些困难。你可能不知道该说什么或者该问什么，这没关系。

　　记住，没有人是完美的。练习能让我们感觉更自信。这里列举了一些帮助你开启对话的技巧。

　　提出问题和使用填空短语：请记住你不仅要回答别人提出的问题，你也要向对方提问，这很重要。例如，如果有人问："你最喜欢什么口味的冰激凌？"你可以回答："巧克力。那你喜欢什么口味的冰激凌？"如果你不确定接下来该说什么的话，可以随口附和一句话来保持对话继续进行，以显示出你对此感兴趣。你可以说："那很好啊！"或者"听起来真不错！"这会让你有时间思考真正想说的内容。当马特奥在对话中开始向朋友提出问题，并且附和回应他人的话，他的朋友们便知道他有兴趣与他们交谈了。

　　找到双方都喜欢的话题：也许你整天只想谈论太阳系。如果对方也同样喜欢太空主题的话，那没问题。所以，你最好找到两个人都喜欢谈论的话题。当阿莎开始和朋友们讨论除了独角兽以外的大家都关注的其他话题时，她的朋友们就更喜欢跟她聊天了。

匹配你的意思：密切注意你的语音语调在"说"什么。语言的意思会随着你说话的方式变化。比如，请你试着分别用开心、难过和生气的语气说"随它去吧"。请注意，你的表情和声音每次都有很大的差异。当伊万开始练习将他的声音和说话的含义相匹配时，人们就能更好地理解他的意思了。

正念关注

当你与其他人的交谈不顺利时，你是否觉得生气或者难过？发火有时候是正常的。但是，重要的是采取行动让自己冷静下来。这里有一个帮助你冷静下来的好办法。试一试吧！

闭上眼睛，深呼吸，脑海中想象令你感觉最快乐的颜色。这样做几次，你不知不觉地就放松了。

健谈的人

你在成为一个健谈者的过程中做得怎么样？阅读以下每一条内容，并且选择这种情况在你身上发生的频率。圈出你的答案。

1. 结识新朋友时，我很容易就能想到开启对话的话题。
   - a. 从不
   - b. 有时
   - c. 经常

2. 当别人和我说话时，我能围绕着他们开启的主题发表相关的评论，并且提出相关问题。
   - a. 从不
   - b. 有时
   - c. 经常

3. 我通过微笑、点头、发出"那真是太棒了"之类的评论，向人们表示我对他们所说的内容感兴趣。
   - a. 从不
   - b. 有时
   - c. 经常

如果你在任何一个项目的答案中圈出了"从不"的选项，开启对话就是一个你需要练习的技能了。马特奥、阿莎和伊万也有一些类似的困难。请继续往下读，因为这一章充满了能帮助你学习和成长的窍门和技巧！

　　如果你在某个项目的答案中选择了"有时"，开启对话是你已经拥有但还需要提高的技能。记住运用你在本章中学到的技巧。

　　选择"经常"这个选项，代表你已经发现自己很擅长与他人对话了。请继续保持！

肢体语言

　　你的一举一动，站姿和坐姿，以及你与别人身体之间的距离，都属于肢体语言。例如：如果别人交叉双臂，那可能意味着他们有戒备、感到不安或者想要离开。当别人的眉毛迅速地扬起，通常表示他们非常激动或者惊讶。有时候，理解别人的肢体语言所表达的意思确实有难度。让你的肢体动作与想说的话相匹配同样也不容易。这里有一些帮助你更容易表达肢体语言的技巧。

不一样也很好——写给孤独症儿童的积极社交训练

模仿说话者：与别人交谈时，尝试着模仿他们的肢体语言。马特奥看到他的朋友们在跟他说话时，朋友们会保持身体不动。现在，他把双手放进口袋里，这样就不会老摆弄自己的手指了，而且，他的朋友们也更容易听他说话了。

保留自己的空间：私人空间常代表了一个人离别人的远近距离。跟朋友交谈的时候，你想象一下在你的身体周围有一个呼啦圈。试着站在离别人一个呼啦圈距离的地方。有时候，如果你离别人太近，他们会感觉不舒服。阿莎跟她的朋友们在一起的时候就使用了这个办法，她们都非常喜欢这样的聊天距离。

站直不动：站得直或坐得直，可以让别人知道你想跟他们交谈。还有，不要过度晃动你的身体，并且看着说话的人，会让他们认为你在倾听。伊万尝试当他跟朋友们交谈的时候保持身体不动，并且看着对方的脸，发现他的朋友愿意跟他交流了。

爱自己

　　你擅长关注细节吗？你看到你朋友裙子上的粉红色小玫瑰花了吗？当你听到你的兄弟说到"篮球"这个词的时候，你能在脑海中想象出一只篮球飞入篮框得分的画面吗？当涉及到你跟其他人聊天的时候，擅于关注细节会是你一个很好的品质。以下的几个技巧能帮助你在跟别人聊天的时候，让这个品质更能发挥用处。

　　* 称赞朋友的着装："这条裙子真好看。粉色的玫瑰花特别显眼！"这句话可以开启你们之间关于花朵或者最喜欢的衣服款式的对话。

　　* 跟你的兄弟分享你脑海中关于篮球的画面："我喜欢看着球从空中飞进篮框。走，一起去打篮球吧！"这句话会让你的兄弟特别兴奋，并且他也很愿意跟你打篮球。

发掘肢体语言的"秘密"

这是一个练习理解肢体语言的方法。

方法：请将以下肢体语言和对应的含义连线。

1. 打呵欠或者闭着眼睛，低头趴在桌子上。　　　愤怒

2. 手放在背后，脚尖有节奏地点地。　　　恼火

3. 手指放在嘴边，发出"嘘"的声音。　　　思考

4. 挠额头，抬头向上看。　　　悲伤

5. 身体朝向对方，安静倾听，点头。　　　无聊

6. 双拳紧握，或者双臂交叉、眉头紧皱。　　　疲倦

7. 手托着头，或者头靠着手肘、眼神不集中。　　　安静

8. 身体蜷缩，皱着眉头，或者泪流满面。　　　关注

答案：1. 疲倦；2. 恼火；3. 安静；4. 思考；5. 关注；6. 愤怒；7. 无聊；8. 悲伤。

进一步练习1: 第 45 页中的哪项肢体语言表示别人准备聆听你的说话,并且跟你交谈?

_____

_____

进一步练习2: 描述一个肢体语言,在你与别人交谈时,可以增加你语言的含义。

_____

_____

你使用越多的侦探技能去了解肢体语言,你就越能成功地与他人对话。另外,运用你的面部表情是在与人对话中传递真实想法的一种好方法。我们继续来看看吧。

面部表情

运用面部表情，是指在谈话过程中，运用我们面部的不同部位的运动来表达我们的想法和感受。站在镜子前，动一动你的面部肌肉，看看当你有不同情绪时你的脸看起来是什么样子的。当与人对话时，你可以尝试通过面部表情来帮助表达你的感受和所说的话，别人会更好地理解你的意思。观察朋友的面部表情也能帮助你理解他们！

发现面部表情

现在我们来练习理解人们的面部表情。

说明：请你从杂志或报纸上剪下人脸的图片，然后把它们贴在第 48 ~ 49 页中对应的不同感受的人物的头像那里。你也可以用马克笔或彩铅笔画出相应的表情。

所需物品：

- 杂志、报纸或者其他可以剪下图片的物品
- 剪刀
- 胶水
- 马克笔或彩色铅笔

加分项：在对话框里写出每个人可能在说的话。发挥你的创意吧！

高兴

生气

悲伤

不一样也很好——写给孤独症儿童的积极社交训练

兴奋

困惑

无聊

眼神接触

与他人进行眼神接触表明你正在关注着对方。眼神接触对孤独症儿童来说有时候确实有些困难。这没关系。在你可以接受的范围内继续努力，并运用以下有用的小技巧。

看鼻子等部位：如果与他人眼神接触对你来说很难，可以把你的目光放在别人的鼻子上、嘴部或者看着他们身后的一件物品。马特奥通过在跟朋友交谈的时候练习看向对方，现在他觉得持续进行对话更容易了。

交谈时多留意对方表情：与人交谈的时候，注意查看对方的表情。阿莎过去常常讨论独角兽而不关注朋友的面部表情。现在，她通过观察别人的表情来了解对方是不是对这个话题失去了兴趣。她跟朋友的关系更紧密了，因为她们有了更多可以谈论的话题。

微笑：跟新结识的朋友交谈时，首先要带着微笑说"你好"。微笑可以帮助跟你说话的对方放松下来，而且事实证明，它也可以令你自己感觉更轻松。伊万跟朋友们交谈时首先会微笑，他们都在交流的过程中觉得更加轻松愉快了。

我学到了什么

你现在已经学完了"关于沟通"这一章的内容了，你真的非常棒！

让我们来总结一下你学到的技巧：

- 多练习正念，常面带微笑，这样你就能在与人交谈时获得放松。

- 你可以通过观察别人的肢体语言或者面部表情，进一步理解他们在想什么和说什么。你会知道他们现在是否想要跟你交谈，或者是否对这个话题感兴趣。

- 认真倾听别人说的话能帮助你不偏离主题。如果你不确定接下来说什么，你可以随口附和一句话。你可以说："那真好！"或者"听起来真不错！"这将给你时间思考真正想说的内容。

每个人都有自己的沟通风格，然而我们并不总是能与别人相互理解。如果别人没有一开始就明白你的意思，没问题，换一种方式再说一遍你想说的话。请记住：你练习得越多，沟通就越容易！

第四章

关于社交

我们在第三章里学习了关于沟通的技能。现在，我们将进一步探索社交互动这个领域。你将学习如何结识新朋友和维系友情，与他人分享兴趣爱好，以及在学校里茁壮成长。

别担心！学会如何处理与朋友的关系以及融入学校生活，对很多孩子来说都有困难。这一章里有很多帮助你提高社交能力的技能和窍门。

孤独症儿童的真实故事

8 岁的罗莎非常善于跟别人交流，而且能把她的想法准确地告诉其他人，但她有时候说话声音太大了。诚实是个好品质，但是有时候，她说的"大实话"会伤害到她的朋友和家人的感情。罗莎想交朋友和加入学校的女生社团，但是，她不知道如何以不伤害别人感情的方式表达自己。

安德鲁 12 岁了。这是他第一次加入一个没有其他孤独症孩子的班级。安德鲁不明白为什么交朋友对他来说总是很困难。他在课间休息的时候会独自坐在一边，画精美的海洋生物图画。当事情临时发生变化时，例如，有一次他的班级没按照预先安排的上艺术课，他会很生气。安德鲁希望他能对其他人更友好一些，且更少一些担忧。

凯文 10 岁了，他非常擅长拼写，曾经在学校的拼写比赛中获得过第一名。他喜欢玩文字类游戏，并邀请朋友一起参加。但是当他的朋友们想玩其他游戏时，凯文就不高兴了。让凯文更恼火的是有一些学习科目太难了，比如数学。他会捶桌子，有时候还会把作业撕掉。凯文想当一名好学生，但是不知道该怎么做。

罗莎、安德鲁和凯文都想学习新东西，而且能在学校里跟朋友们相处愉快，但是，他们在不同的社交技能方面都有困难。现在又到了玩侦探游戏的时间了！你能找出他们各自可能想要学习的地方吗？

· **友善的侦探** ·

说明：请回顾罗莎、安德鲁和凯文在"孤独症儿童的真实故事"里的表现。写下每个人的一项优势和一项你认为他们各自需要学习的技能。在本章的后面部分，你将学习一些方法以帮助他们提高社交技能。你也可以运用这些技巧帮助你自己。

	一项优势	一项需要学习的技能
罗莎		
安德鲁		
凯文		

跟朋友相处

维系友谊就像打理花园：你给花花草草的爱和关心越多，它们就长得越茂盛！最好的朋友就是那种你可以依赖的朋友，他们会一直在你身边，在你难过的时候为你打气。你也可以有许多其他的朋友。你可能不是很了解他们，而只是偶尔会在一起。拥有这两种朋友都是有趣的事情。

同理心：拥有同理心是指你向其他人表明你理解他们的感受。这可能是，当朋友受伤后你询问他"还好吗"，或者是知道在他们不愉快的时候不取笑他们。了解到这些后，罗莎开始思考她说的话会给朋友带来什么样的感受。

分享即是关心：与朋友分享也是你对他们关心的体现。尝试着分享你的零食、玩具或者生活中发生的小故事。注意不要吹嘘。积极地谈论自己是件好事，但是当你过多地谈论自己和所拥有的东西时，你的朋友可能会感觉不舒服。你还需要赞美你的朋友。通过与朋友们分享自己的画，同时也赞美他们的作品，安德鲁学会了如何交朋友。

妥协和收获：与朋友们一起玩的时候，事情不能总是按照你的方式进行，有时候需要做出妥协。你可以制订一个目标：与朋友一起玩的时候，一半的时间听从你的主意，另外一半的时间听朋友的。凯文现在学会向他的朋友妥协了，他们在一起玩得比以前更开心了。

这些社交技能一下子掌握可能对你有些难，因此一次只挑选一项进行练习吧。当这项技能变得容易些之后，再继续练习下一项。你将会很快在交朋友方面做得更好。

正念关注

有一个能善于倾听的朋友意味着他会听你分享快乐和悲伤的事情。要注意，你有善于倾听的朋友，而且让他们知道你也倾听他们的感受，这是一个很好的减轻压力和感受平静的办法。

科学家们已经证实，大声地说出负面事情有助于减少人的负面情绪。关注积极的事物，能让我们产生成就感。与朋友们在一起，会让我们感觉很幸福。

合适的 / 不礼貌的社交行为

好朋友就是你喜欢与之共处的人。很多人在社交时可能会有一些不礼貌的社交行为。每个人都会犯错，但你要意识到有些行为本身并不礼貌。为了成功结交朋友和维系友情，你需要扮演别人的好朋友的角色。让我们来练习一下好朋友之间应该拥有的社交互动方法吧。

说明： 阅读每一种社交互动方法，并确定这种行为是合适的还是不礼貌的。如果这是一个合适的社交行为，在方框中画√。如果这是不礼貌的行为，在方框中画 ×。

1. 当朋友不高兴的时候，问他发生了什么事情。☐

2. 一直谈论自己的事情。☐

3. 当被问到问题时走开。☐

4. 在朋友说话的时候插话。☐

5. 与朋友分享美食。☐

6. 微笑着跟朋友打招呼。☐

7. 当别人犯错误时取笑他们。☐

8. 跟朋友轮流挑选游戏来玩。☐

答案： 1. 合适的，2. 不礼貌的，3. 不礼貌的，4. 不礼貌的，5. 合适的，6. 合适的，7. 不礼貌的，8. 合适的。

兴趣爱好

　　每个人都有自己的兴趣爱好。有些孩子只专注于做他们最喜欢的事情并且很擅长。如果你也是这样的话，这就是你独有的特点之一。

　　找到与你有相同兴趣爱好的人会让你感觉很好。不过，这并不总是那么容易。这里有一些技巧能帮助到你。

　　假扮练习：开始进行一项新的活动可能会令人困惑。加入一个新群体之前，你可以尝试角色扮演。练习时，请你的家人或者老师扮演小组里的其他成员。这个办法对罗莎很有帮助。当她了解女生社团的知识之后，她跟她的姐姐用角色扮演来练习她应该说的话和做的事情。现在，她特别喜欢参加社团的活动。

物以类聚、人以群分：你听说过这种说法吗？意思是就像你看到同一类的鸟会一起飞行一样，有相同兴趣的人们也喜欢聚在一起共度时光。但是你如何才能找到这些人呢？让你的父母根据你的兴趣爱好帮助你寻找并加入相应的兴趣小组吧。你可以从询问学校里的小伙伴们的兴趣开始，并分享你自己的爱好。安德鲁让他的妈妈带他去上艺术课。他在那里找到了同样喜欢画动物的新朋友。

不要害怕：尝试新事物可能会让你有些害怕。你可以下定决心面对恐惧，并且努力尝试。你可能会不喜欢它。但是，如果你爱上它了呢？不尝试的话，你就永远不会知道。凯文试过了很多他的朋友的兴趣爱好，最终他喜欢上了打网球。

尝试新事物

完成以下测试可以帮助你发现潜在的兴趣爱好。

1. 对我来说，学习新事物最简单的方式是：

    a. 通过自己动手

    b. 通过观察

    c. 通过听别人告诉我怎么做

2. 我喜欢打发时间：

    a. 在室内

b. 在室外

c. 室内或者室外都行

3. 我最善于：

　　a. 独自工作

　　b. 在团队中合作

　　c. 只跟一两个人一起工作

4. 关于电脑，我：

　　a. 了解它是如何工作的，并且很喜欢电脑

　　b. 大多数时候用来看节目和做家庭作业

　　c. 没有花太多时间在上面

　　如果你的大多数答案是 a：你可能喜欢学习电脑编程、建造、制作模型、艺术创作，或者写故事、诗。

　　如果你的大多数答案是 b：你可能对踢足球或者打篮球等运动感兴趣、喜欢参加徒步活动和亲近大自然、加入研究机器人的团队或下国际象棋。

　　如果你的大多数答案是 c：你可能喜欢桌面游戏、学一门乐器、参加戏剧小组或者学习摄影。

　　你适合哪些兴趣爱好呢？不妨先从选择一个新活动去尝试开始，并且请你的父母帮助你入门。

学校时光

不论是哪种类型的学校，都是孩子们学习、玩耍和成长的地方！对你而言，学习新知识可能很吃力，遵守规则可能有困难，还有突如其来的变化也可能难处理。这里有一些建议可以使你的学校生活变得更轻松和更有趣。

遵守学校规则：就像许多其他地方一样，学校里有很多规则。但是，这些规则让我们自己以及我们的朋友、老师和家长更开心。不过，理解这些规则能使我们更容易遵守它们，因此，请你的老师先解释一下吧。你也可以观察你的同学，模仿他们。罗莎就是这样做的，她发现大声说话违反了学校的规则。她正在努力使用更小一点的声音说话，她的老师们因此很高兴。

不一样也很好——写给孤独症儿童的积极社交训练

放弃常规：有时候，学校的常规活动会突然改变。一些孩子会因此而感到不安。告诉老师这个变化令你感到困扰能帮助到你，他们可以提前告知你什么时候会有变化。不过，意料之外的变化还是会发生。深呼吸、缓慢地倒数或者玩解压玩具，可以帮助你保持冷静。这样，你就可以安安静静地处理好自己的情绪了。安德鲁尝试着这样做直到他冷静下来，而且准备好可以在发生临时改变时加入班级的行列中。

寻求帮助：你的父母和老师们都非常关心你，并且想要帮助你获得成功。但是，他们只有知道问题出在哪里，才能给你提供帮助。寻求帮助很重要。凯文上次想要撕碎作业的时候，他向老师寻求了帮助，并且表达了他的感受。老师对凯文的作业进行了一些小改动，而且还给他延长了完成作业的时间。

爱自己

对你来说，记住事实和信息是不是很容易？如果是的话，你很幸运拥有一个记忆力很强的大脑。把它当成你的一项超能力吧。好的记忆力在你进行兴趣活动时很有用。它也会让你在学校和日常生活中受益。如果你用心去做的话，你可以记住你需要知道的任何事情。这将帮助你掌握学校的课堂内容，遵守学校规则以及记住从这本书里学到的所有技能和方法。

说明： 想一想你在学校遇到的困难，把它画在方框中。接着，回答以下的问题，与他人分享你的更多经历。

你遇到的困难是什么？

_____

它让你感觉如何？

_____

你学过的哪 3 个技能可能可以帮助你解决这个问题？

_____

_____

如果这个困难被解决了，你会感觉如何？

_____

_____

试试你的计划，看看它是否能帮助你解决这个困难。记住，你可以向你的父母、老师或朋友寻求帮助。

我学到了什么

你真的很棒！你已经学完了这个内容较多的章节！让我们快速回顾你已经学过的所有内容：

- 建立友谊有时会令人感觉困惑。但是，你已经学习了 3 个关键点：同理心、分享和妥协。

- 把你的感受告诉你的朋友以及学会倾听他们的想法，是一个让你感觉更轻松的好办法。

- 跟其他人分享你的兴趣爱好是很有趣的事情。请以寻找跟自己有相同兴趣爱好的同伴为目标吧！

当你练习保持冷静的技能和遵守学校规则的时候，你的学校生活会更愉快。跟老师和家长分享你的感受，他们可以了解你的需求并提供帮助。

不一样也很好——写给孤独症儿童的积极社交训练

第五章

关于自理能力

还记得在第一章中，我们提到自理能力是指我们如何保持身体和精神健康吗？其实，自理不仅涉及我们身心健康的维护，还涉及我们与他人互动和思考的方式。在本章，你将学到孤独症儿童练习自我照顾的3种主要方法：身体照顾和锻炼、设立私人空间和界限，以及正向积极地思考。

孤独症儿童的真实故事

阿米尔 8 岁了，他是一个很好的学习伙伴。阿米尔喜欢做课堂作业，但是，他有时候在课间休息时会跟朋友玩得太过头了。他喜欢玩摔跤游戏，如果在玩耍期间有不合他意的情况发生，他就会骂他的朋友们。他会一直不停地只吃自己喜欢的食物，比如鸡块和煎饼，但是不吃任何蔬菜。他吃过一次西蓝花，但是不喜欢。现在，他认为所有蔬菜的味道都让他很恶心。

9 岁的诺亚喜欢唱歌和听音乐剧。他喜欢和朋友一起玩，但是当别人离他太近时，他会感到焦虑。最近，他在所有的空余时间里都是独自在平板电脑上观看他最喜欢的演出视频。诺亚的阿姨在照顾他，她非常担心诺亚在平板电脑上花了太多时间。她想让诺亚跟其他孩子一起在户外做游戏。太长时间的孤独让诺亚对自己产生了负面的想法。他希望跟朋友一起玩能让他不再那么

焦虑。

兰今年 11 岁。她热爱阅读和吹长笛。她不喜欢洗澡和刷牙。肥皂的气味让她头疼，刷牙让她觉得无聊。她非常喜欢跟朋友拥抱和站在离他们很近的地方。但是身体不干净的气味会让朋友们远离她，这让她很难过。

阿米尔、诺亚和兰都想更好地照顾自己，但是他们在完成自理方面的一些任务时有困难。又到了玩侦探游戏的时间了！你能找出他们各自可能想要学习的地方吗？

·········· 友善的侦探 ··········

说明：请回顾阿米尔、诺亚和兰在"孤独症儿童的真实故事"里的内容。写下每个人的一项优势和一项你认为他们各自需要学习的技能。在本章的后面，你将学到帮助他们各自更好地理解自理技能的方法。你也可以运用这些技巧提高你自己的自理技能。

	一项优势	一项需要学习的技能
阿米尔		
诺亚		
兰		

身体照顾和锻炼

照顾好自己的身体非常重要。吃健康的食物和经常锻炼能让你保持健康。清洁过的干净身体和刷过的牙齿有清新的香味，还可以让你远离疾病。关于和照顾身体有关的一些事情，你可能喜欢做，也可能不喜欢做。无论是哪一种，这些是我们大家每天都需要完成的任务。这个世界上只有一个你：请照顾好你自己！

这里有一些建议可以使这些任务变得更简单。

尝试新食物的乐趣：你会惊讶地发现居然有那么多一旦尝试过你就会喜欢的食物！多花点时间熟悉新的食物，你会更容易接受它。这里有一个游戏：做一个表格，选一种食物，然后接受7天的挑战！

第1天：看着它　　　　　　**第5天**：亲亲它

第2天：摸摸它　　　　　　**第6天**：把它含在嘴里 10 秒钟

第3天：拿着它　　　　　　**第7天**：嚼一嚼然后吞下

第4天：闻闻它

阿米尔玩了这个游戏，现在他喜欢吃红薯和西红柿了！

动起来：让运动变得有趣的关键是找到你喜欢的运动方式！可以是跳舞、玩抓人游戏、参加某个运动项目或是跟朋友一起散步。开始时慢慢来，然后逐渐增加运动时间。当诺亚放下平板电脑到外面去玩时，他感觉整个人里里外外都感觉好多了。

清洁身体，远离细菌：通过刷牙、清洁身体和保持双手干净可以让我们远离有害细菌。有时候，孩子们不喜欢牙膏的味道、牙刷的触感或肥皂的气味。把你的感受告诉你的父母。兰告诉了妈妈她不喜欢哪块肥皂后，她们换成了她喜欢的肥皂。

奖励的彩虹

常规活动是指我们不假思索的、定期的、习惯性的活动。当吃健康食品、锻炼以及洗手成为孩子的常规活动时，他们会更容易做到。

说明：挑选几项你希望能更经常做到的自理任务。把这些活动逐一写在彩虹开头常规活动旁边的横线上。每天做完这些活动后，在常规活动旁边的方框里涂上颜色。例如，在下图中，你可以把"跳舞"写成你每天要做的锻炼活动。星期一跳舞后，在旁边星期一跳舞的方框内涂色。试着连续 7 天持续你的常规活动。与你的父母商量，为每项任务持续完成一周选择一个奖励，并将奖励写在图表上。

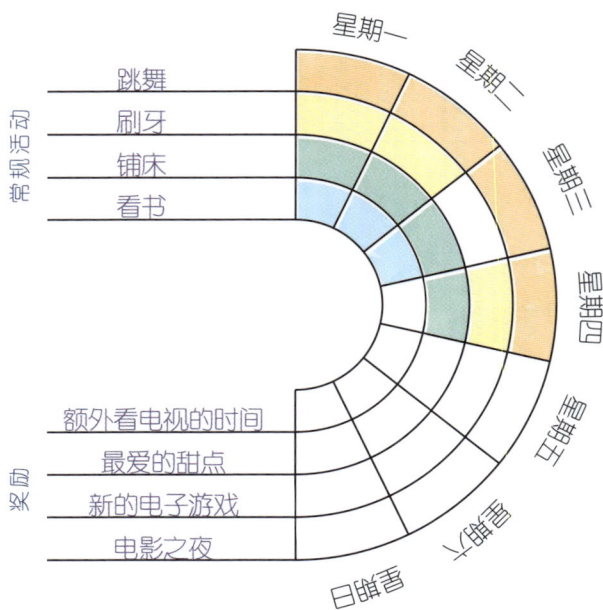

跳舞
刷牙
铺床
看书

常规活动

星期一
星期二
星期三
星期四
星期五
星期六
日曜香

额外看电视的时间
最爱的甜点
新的电子游戏
电影之夜

奖励

常规活动

奖励

星期一

星期二

星期三

星期四

星期五

星期六

星期日

设立私人空间和界限

在第三章中，我们已经讨论过如何在身边假设戴有一个呼啦圈。我们的私人空间就相当于呼啦圈以内的范围。假设呼啦圈就是我们不想别人跨越进来的界限。每个人的私人空间大小都不同。

以下有一些技巧可以帮助你与你的私人空间的闯入者保持一定的距离，并且也可以避免你成为其他人私人空间的入侵者。

近距离提示：一个好的"社交侦探"总是在寻找他与某人过于接近的线索。仔细观察某人是否远离你，将你推开，或流露出不高兴的面部表情。阿米尔和兰学会了寻找线索，知道了他们何时可能侵入了别人的私人空间。一旦他们认识到这一点并退后一步，他们就会结交更多的朋友了。

询问：如果你不确定某人的私人空间范围多大，你可以问："我是不是站得离你太近了？"或者"我打扰到你了吗？"当对方告诉你说"是的"，那就后退一步。当其他人闯入了你的私人空间，你也要大声说出来。这个方法帮助了阿米尔意识到什么时候玩摔跤游戏会打扰到他的朋友。当诺亚需要更多空间和更享受游戏时间时，他会将这些想法告诉他的朋友。

设置一个安全空间：我们有时会感到手足无措，需要更多的空间。如果你遇到这种情况，就对其他人说："对不起，我需要一些空间。"你的安全空间可以是家里的一个房间或是学校里一个安静的阅读角。将情况告知给一个你信赖的成年人，这样他能了解你的需求并且帮助你找到一个合适、安全的空间来让你放松。诺亚发现在安全空间里待一会儿确实有助于自己放松。

········ 正念关注：想象拥有完美的一天 ········

早晨的时候，在脑海中设想你希望这一天是如何度过的。当你睁开眼，起床之前，假想你希望在今天发生的事情。想象的事情可以是你的晨间常规活动、积极正向地看待自己、在学校里成为别人的好朋友，或是在历史课上努力学习。然后认真体会和经历这美好的一天，就像你想象的那样度过。

私人空间和我

私人空间和界限都与选择有关。做出好的选择能帮助你和其他人感觉更舒适，一起玩得也更开心。

说明： 在下一页的呼啦圈内，写下以下列表中涉及私人空间时合适做法的编号。

1. 触摸和闻朋友的头发。

2. 站在一个呼啦圈距离的位置跟朋友说话。

3. 踢人。

4. 如果朋友离你太近，说"请过去一点"。

5. 避免与人发生肢体触碰。

6. 拉朋友的胳膊让他们过来玩。

7. 用击掌的方式跟朋友打招呼。

8. 在朋友要求你停止后继续与他们扭打在一起。

不一样也很好——写给孤独症儿童的积极社交训练

正向积极地思考

　　大脑是你身体的一个非常强大的部位，通过练习，你可以控制它的想法！ 积极正向地思考是选择以一种使你感到强大和快乐的方式来思考自己和世界。对不同的看法保持开放的心态，可以使你在任何情况下能看到事情积极的一面，并做出恰当的决定。

　　这里有一些方法将帮助你开始运用正向积极思维。

　　先思考，再开口：说话之前先想一想。如果你要说的话会伤害到别人，扔掉那个想法，用一个善意的念头代替它。现在，将那个善意的想法转变为语言说给别人听，让他开心。这个方法帮助阿米尔用鼓励的语言取代了骂人的行为。

　　数一数优点：不妨照照镜子。你是独一无二的！现在，告诉你自己，你爱自己的一切。你可以从"我爱我棕色的大眼睛"或者"我爱我的记忆力，它使考试变得很容易"开始。每天挑选3件积极的事情告诉自己。每天都把它们装在你的脑子里。常常回想这些有积极意义的事情。这个办法帮助诺亚不再把注意力总放在他自己的错误上，同时他感觉好多了。

　　感到自豪：我们有时会有负面的想法和感受。让它们远离你的办法就是去做让你感到自豪的事情。尝试一个新的晨间常规活动、称赞你的朋友或是为了通过一个考试而努力地学习，事后你都会感觉很好。兰决定采用这个建议改善她的个人卫生行为。一旦她开始每天都洗澡和刷牙以后，她的感觉比以前更好了。

爱自己

　　孤独症儿童有很多独特的才能。你可能是一个解数学题的天才、一个速度很快的跑者、一个技艺精湛的音乐家或者是一个有创意的艺术家。你可以充分利用你的天赋，尽可能学习与天赋相关的知识，你就能不断地进步。与他人分享你的才能，这也会使其他人感觉很好。如果你觉得还没有发现你的天赋，不要担心，你会找到它的。我们都有才能。你只是需要再仔细观察：它其实就在那里，正在等待你去找到它。

以积极的态度"高飞"

第 83 页中的有些句子会让你心情"起飞"和感觉很好。另外的一些句子会让你沮丧和感觉心烦意乱。

方法：给气球上所有表达出积极正向态度的短句涂上颜色。画掉所有表达出消极态度的短句。

现在，带上这些标有积极态度的气球，和它们一起奔跑吧！记住，你的幸福由你自己掌控！

不一样也很好——写给孤独症儿童的积极社交训练

我是其他人的好朋友。

我做我自己就很好了。

犯错误意味着失败。

我从错误中学习。

如果事与愿违，没关系。生活就是这样！

我什么都做不好。

我永远都不可能像其他人一样优秀。

我相信自己能做出对的选择。

这太难了，我放弃了。

遇到难事，我会不停尝试，直到顺利完成！

我有多积极正面

看看你是否在运用积极正向的思维方式。

说明：圈出最符合你经常的想法和话语的答案。

1. 你怎么看待你自己？

  a. 我什么事情都做不好。

  b. 我比不上别人。

  c. 我有很多优点。

2. 当你犯错误以后，你会怎么想或者怎么说？

  a. 太难了，我放弃。

  b. 我喜欢努力奋斗，我想要一直都能把事情做对。

  c. 没什么大不了的，我会继续尝试，下次可以做得更好。

3. 当一个朋友不想和你玩时，你怎么想或怎么说？

  a. 没有人喜欢我。

  b. 交朋友对我来说太难了。

  c. 没关系，我去找其他朋友玩。

如果你选择的答案大多数是 a：有可能是你对自己太苛刻了。把精力集中在使用本章中学到的技巧上，你的思维方式很快就会转变得积极正面。

如果你选择的答案大多数是 b：你很快就会成功了。练习本章中的方法，打消对自己的疑虑，你很快就会积极正面地看待自己了。

　　如果你选择的答案大多数是 c：你真棒！你真正懂得了如何将注意力集中在事情积极的一面，并且用积极正面的思维过快乐的生活！

我学到了什么

太棒了！你现在已经拥有了成为自理能力大师所需的工具。接下来，你需要做的就是练习！以下是对你所学知识的总结。

- 在培养良好的自理能力过程中，找到一个让任务变得有趣和容易做到的方法，能帮助你坚持下去。
- 当需要告诉别人应该跟你保持适当的距离时，态度要友善；当你需要休息片刻时，找一个能令你平静下来的地方。
- 时刻警惕你是否闯入了他人的私人空间。要知道你也有拥有个人空间的权利。
- 拥有积极正面的思维是过上幸福生活的关键。总会有一些时候，你觉得你在很艰难地生活。但是如果你使用积极正面的思考方式，困难时期会很快结束的。

不一样也很好——写给孤独症儿童的积极社交训练

第六章

关于家庭

本章将谈论与你最亲近的人：你的家人。有些孩子和很多家庭成员一起生活，有些仅和少数几名成员在一起，还有一些孩子跟没有任何血缘关系的家庭成员生活在一起。尽管每个家庭从表面来看都不一样，但是家庭的核心都是彼此相爱、相互支持。在这一章的内容里，你将学习如何成为一名很好的家庭成员。

孤独症儿童的真实故事

佐伊，11 岁，非常喜欢艺术和手工。她经常做一些很特别的手工作品，她的妈妈会把它们都挂起来以供大家欣赏。佐伊有时候做手工非常专注，她把所有的工具都摊开在地上，但做完后并不把它们收拾好。最终，佐伊的妈妈只能独自收拾一切。她非常沮丧，因此不再允许佐伊做手工了。

希罗，12 岁，是一名出色的棒球运动员。周末的时候，他会去练习打棒球。平时工作日的时候，希罗跟妹妹一起玩。他们经常为玩什么而争吵。希罗在家里跺脚，冲妹妹大吼大叫，让妹妹跟他一起打棒球。希罗的爸爸告诉希罗，如果他不能跟妹妹好好相处，就不可以去打棒球了。

瑞恩，8岁，会写精彩的短篇小说。吃晚饭的时候，他的父母要求他安安静静地坐在餐桌旁边。但是，瑞恩感觉身体充满了能量，根本无法安静地坐着。他前后摇晃身体、挥动手臂，还把脚放在椅子上。瑞恩的父母告诉他，如果他不表现出良好的餐桌礼仪，那他就不能吃甜点了。

佐伊、希罗和瑞恩都在与他们的家人相处方面遇到了困难。又到了玩侦探游戏的时间了！你能找出他们每个人可能想要学习的地方吗？

·············· 友善的侦探 ··············

说明：请回顾佐伊、希罗和瑞恩在"孤独症儿童的真实故事"里的描述。写下每个人的一项优势和一项你认为他们各自需要学习的技能。在本章的后面部分，你将会学到帮助他们与家人友好相处的方法。你也可以运用这些技巧提高你自己的技能。

	一项优势	一项需要学习的技能
佐伊		
希罗		
瑞恩		

团队的成员

作为家庭的一员意味着也是团队的一分子。在一个团队里，每个人都扮演着一个特定的角色，以帮助整个团体共同取得成功。以下的建议将帮助你成为一名出色的团队成员。

学习礼仪顺口溜：表现出良好的礼仪和礼貌地对待家庭中的每一个人，能让你们快乐和睦地相处。这里有一首顺口溜可以帮助你记住这些礼仪："我说谢谢，我说请。我从不顶嘴、尖叫，也不取笑你。我分享玩具并等待着轮流做游戏。好的礼仪并不难学习。它很简单，只要你牢记'好好说话就是很好的礼仪'。"

保持家庭环境的整洁：保持家里环境整洁、小心使用家里的物品以免损坏它们，都能使家中每个人好好享受这个共享环境。如果你把物品拿出来了，使用完毕之后要收拾好并放回原处。不要把家具当成攀爬架一样在上面蹦跳、攀爬或者玩耍。如果你弄洒了东西，要清理干净。佐伊学会了尽自己的责任以保持家里的整洁。她做手工的时候只拿出需要的工具，并且确保把弄脏弄乱的地方都打扫干净。

遵守家庭公平原则：你希望自己被公平对待，那你也得公平对待你的家人。这包括在别人睡觉时保持安静，轮流做家务，公平地分享餐桌上的食物（甚至包括甜点），轮流使用电脑或看电视。家里的每个人都应该有公平的机会睡觉、看电视节目、玩游戏和吃饭。

家庭团队

说明：给下面图画中描述正确的礼仪的部分涂上黄色。给描述尊重他人的部分涂上蓝色。给描述公平对待家人的部分涂上红色。

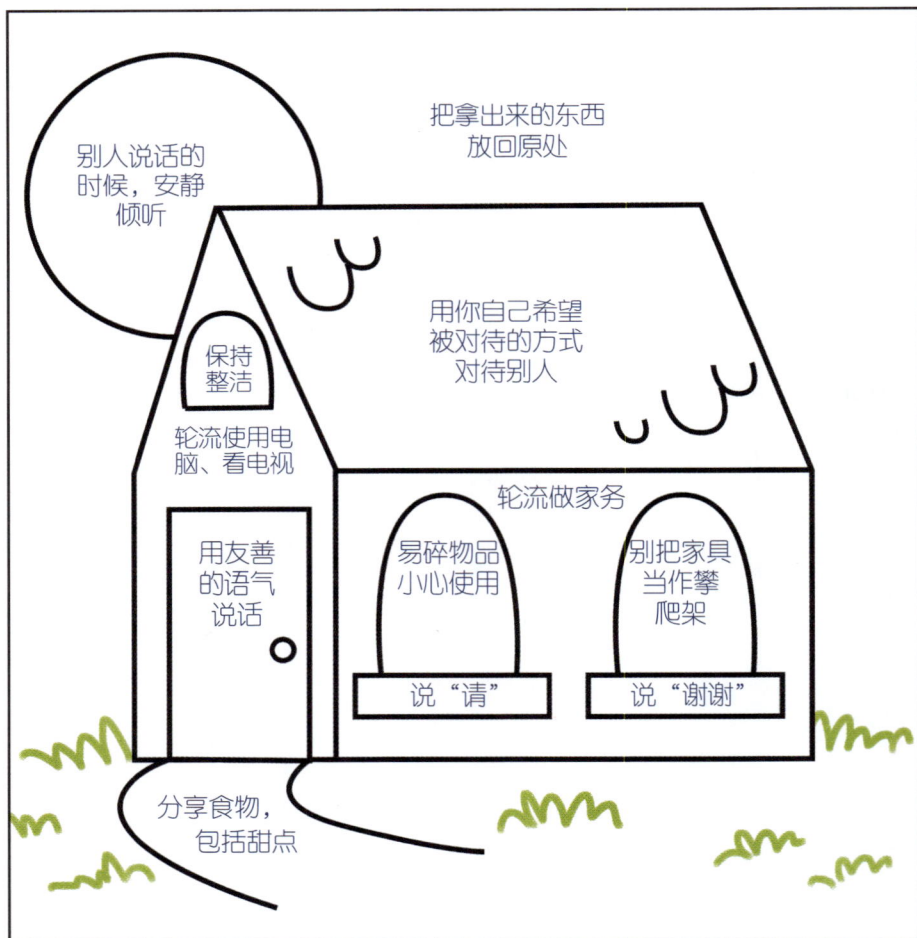

别人说话的时候，安静倾听

把拿出来的东西放回原处

保持整洁

用你自己希望被对待的方式对待别人

轮流使用电脑、看电视

用友善的语气说话

轮流做家务

易碎物品小心使用

别把家具当作攀爬架

说"请"

说"谢谢"

分享食物，包括甜点

解决冲突

当两个人对某件事有不同意见时，冲突通常就产生了。有时候家人之间也会发生冲突，知道如何解决矛盾很重要。冲突可能让人不愉快，但并不带来世界末日。以下是一些可以解决与家人之间冲突的有效方法。

保持冷静：当冲突发生时，人很容易生气。你的心跳会加速，你可能会大吼大叫，并且你的耳朵也许完全听不进其他声音。如果你不冷静思考，也不倾听对方的意见，就不可能解决冲突。要想成功地解决矛盾，首先，请运用第二章（第30页）中你最喜欢的使自己平静下来的技能。这将使你能清晰地思考和选择最佳方法以解决问题。

适当妥协：你知道吗？妥协是解决冲突最常用的方法之一。例如，如果你的哥哥想要在室外玩，而你想要在室内，你可以向他妥协，提出在室内玩半天、室外玩半天的建议。希罗发现向妹妹妥协是解决冲突的最好办法，这样他们就可以继续一起玩了。

解决冲突就像打棒球比赛：遇到冲突时，你可以想象一下棒球比赛中的四个垒。在一垒时，确定问题是什么。二垒时，集思广益，寻找解决问题的可能方案。当你来到三垒，选择你想解决问题的办法。挑选一个能满足冲突双方需求的解决方案，肯定能让你回到本垒。你练习得越多，在解决冲突方面就会有更多的"全垒打"。

正念关注

这个练习可以帮助你在2分钟内从愤怒的情绪中跳出来。在第1分钟里，站起来做开合跳或上下跳动。在第2分钟里，将你的手放在你的心脏部位，将注意力集中在心跳和呼吸上。你的心跳和呼吸的节奏首先会很快，然后开始放慢。随着心跳和呼吸的减慢，让你的头脑平静下来，你的强烈情绪也就会减少了。

不一样也很好——写给孤独症儿童的积极社交训练

说明： 圈出你认为下列每个关于冲突的说法是真还是假。

1. 冲突是指两个人对某些事情持不同意见。

   真　　　　　　假

2. 冲突产生时，生气可以帮助你迅速解决问题。

   真　　　　　　假

3. 妥协意味着总是按自己的方式行事。

   真　　　　　　假

4. 选择能同时满足冲突双方需求的方法，是迅速解决冲突的最佳方式。

   真　　　　　　假

5. 冲突只发生在家人以外的人之间。

   真　　　　　　假

6. 了解导致冲突的原因是解决冲突的重要的第一步。

   真　　　　　　假

7.要想成功解决冲突，就要保持冷静。

真　　　　假

8.大多数人喜欢处理冲突。

真　　　　假

9.妥协是解决冲突最普遍使用的方法之一。

真　　　　假

10.集思广益寻找解决冲突的办法毫无用处。

真　　　　假

寻求帮助

拥有家人的最大好处之一就是他们会帮助你，但是他们不一定总是知道什么方法是正确的。与家人分享你的感觉并且明确提出需求，将使你和你的家人都更加快乐。这里有一些建议，可以让你在有需要时更容易寻求帮助。

提供细节：与其只说"我很生气"或者"我觉得难过"，你可以更具体地说明发生了什么事情。例如，当你感觉很敏感的时候，你可以告诉别人你可能随时会哭。瑞恩运用这个方法在晚餐时获得了他所需要的帮助。一旦他的父母知道了他的感受，他们就能提供帮助了。然后，瑞恩就能安静地坐在餐桌旁吃甜点了。

提出你的需求：分享感受之后，把你的需求告诉家人。例如，你有时候感到孤独，但是跟你的爸爸有一段单独相处的时间会让你感觉好很多。你可能在跟兄弟玩桌面游戏时感到沮丧，你需要他公平地进行游戏并且遵守规则。

保持友善：在分享你的感受和需求时，保持友善非常重要。如果与你交谈的人令你感到不安，你可以对他说出你的感觉，但请尝试以友善的方式告诉他，避免伤害对方的感情。以尊重对方的方式提出你的需求，善意地询问"你介意这样做吗？"会比直接说"你必须这样做！"好得多。

很多孤独症儿童具有出色的记忆力。如果你的记忆力也不错，那么在面临困难时，可以利用这一优势来克服困难。如果你和一个家庭成员有分歧，试着回忆一下你上次是如何解决类似冲突的。如果以前成功了，很可能同样的解决办法会再次奏效。专注于你过去解决冲突的积极方法，你肯定会在将来成功地解决你所遇到的类似冲突。

求助

完成这个测验，看看你是否知道如何在有需要时寻求帮助。

1. 家庭成员：

　　a. 彼此之间不干涉对方的事。

　　b. 互相之间没有提供太多帮助。

　　c. 互相帮助和支持。

2. 向家人分享你的感受，最好是：

　　a. 迅速说完，为了快点结束。

　　b. 一旦你感觉好些了，就不再需要帮助了。

　　c. 详细描述，这样他们能了解你需要帮助的原因。

3. 把你的需求告诉你的家人：

    a. 跟告诉他们你的感受是一样的。

    b. 这并不重要，因为他们不会理解的。

    c. 是让他们给你提供正确帮助中非常重要的一部分。

4. 想要从家人那里获得帮助时：

    a. 把你的要求大声且清晰地说出来。

    b. 不必麻烦了，最好是你自己去解决。

    c. 善意地分享，并且以尊重的方式去寻求帮助，这是获得
       支持的好办法。

如果你选择的答案大多数是 a 和 b：你需要练习本章中的方法，这样你的家人将能帮助你渡过困难时期。你的家人爱你，并且希望在艰难时期支持你。

如果你选择的答案大多数是 c：你已经掌握了从家人那里获得所需帮助的技能。继续保持吧！你的家人很爱你，他们很高兴能在你需要时帮助和支持你。

我学到了什么

你真了不起！你已经学完了这本书最后一个章节的内容，完成了一件了不起的工作！

让我们快速回顾一下所学到的关于家庭的知识。

- 一个家庭就像一个团队，你应该尊重家中的共享空间，并且公平友好地对待其他家庭成员。

- 有时家庭成员之间会有冲突。解决冲突的有效方法就是保持冷静、寻找妥协的形式，以及尝试找到满足矛盾双方需求的解决办法。

- 与家人分享你的感受并明确提出你的需求，将使你和你的家人都更开心。

- 关注你过去解决冲突的积极方法，以帮助解决未来可能出现的类似的矛盾。

致　谢

　　我想向我的家人们致以最深的谢意。我的成就不是我自己的，而是他们给予我爱和支持的结果，包括在世的家庭成员和已经去世的挚爱的亲人。他们在我的整个生命中，以各种方式支持着我。我所做的决定和我所选择的人生道路，都源自我的家人所做的榜样和听取了他们的建议。在家人的鼓励和支持下，我完成了生命中一件件重要的事情：我爱你们，谢谢你们！

凯蒂·库克